Comprensi

CU00852971

Fichas para niños de 8 a 10 años.

Nivel Intermedio B. Cuaderno 6.

Reading Comprehension Book (Spanish Language)

Jaume Guilera

ISBN-13: 978-1722079635
ISBN-10: 1722079630

DEDICACIÓN

A mis padres y abuelos.

ÍNDICE

	Acknowledgments	VIII
1	Introducción	Pg 9
2	Lectura 151-B	Pg 10
3	Lectura 152-B	Pg 11
4	Lectura 153-B	Pg 12
5	Lectura 154-B	Pg 13
6	Lectura 155-B	Pg 14
7	Lectura 156-B	Pg 15
8	Lectura 157-B	Pg 16
9	Lectura 158-B	Pg 17
10	Lectura 159-B	Pg 18
11	Lectura 160-B	Pg 19
12	Lectura 161-B	Pg 20
13	Lectura 162-B	Pg 21
14	Lectura 163-B	Pg 22
15	Lectura 164-B	Pg 23
16	Lectura 165-B	Pg 24
17	Lectura 166-B	Pg 25
18	Lectura 167-B	Pg 26
19	Lectura 168-B	Pg 27

20	Lectura 169-B	Pg 28
21	Lectura 170-B	Pg 29
22	Lectura 171-B	Pg 30
23	Lectura 172-B	Pg 31
24	Lectura 173-B	Pg 32
25	Lectura 174-B	Pg 33
26	Lectura 175-B	Pg 34
27	Lectura 176-B	Pg 35
28	Lectura 177-B	Pg 36
29	Lectura 178-B	Pg 37
30	Lectura 179-B	Pg 38
31	Lectura 180-B	Pg 39
32	Metodología del uso	Pg 40
33	Explicación (ES)	Pg 41
34	Explicación(ING)	Pg 43
35	A cerca de mi	Pg 45

AGRADECIMIENTOS

A mi equipo de colaboradores

Introducción

Bienvenidos al mundo de los "evotextos" o textos evolutivos. Esta idea es muy fácil. Hemos versionado un clásico de la literatura "Los viajes de Gulliver" y hemos creado cuatro niveles A,B,C y D. El nivel A es fácil de leer y el D es muy difícil. La idea es que a medida que mejoras la lectura, puedas seguir con la historia de Gulliver, pero el texto se adapta a tu nuevo nivel. El texto evoluciona a medida que tú mejoras: si el nivel A te parece fácil puedes pasar al B y así sucesivamente. Hay 20 cuadernos para cada nivel, con 30 fichas de lectura por cuaderno.

Introduction

Welcome to the world of "Evotext" or evolutionary texts. It is an easy idea. We have adapted a literary classic "Gulliver's Travels", and we have created four levels: A, B, C, and D. Level A is very easy to read and Level D is very difficult. The idea is that if your reading skills improve, you can continue with Gulliver's stories but the level will adapt to your better skills. The text evolves as you evolve: if Level A seem too easy, you can pass to Level B and so on. There are 20 books, with 30 worksheets in each book.

Dr. J.Guilera

Child and Adolescent Psychiatrist

Lectura 151-B:

Seguimos el mismo rumbo para no perdernos. Un día, un grumete descubrió tierra. Era una isla muy grande, parecía un continente. Echamos el ancla, cerca de una cala que había en la isla. El capitán mando una lancha con doce marineros. Los marineros llevaban recipientes para coger agua si encontraban. Pedí permiso al capitán para ir con ellos, quería ver aquella isla por si descubría dónde estábamos. No encontramos en la isla, ni una gota de agua dulce. Tampoco encontramos ningún habitante.

Preguntas:

1-¿Quién vio tierra?

2-¿Cómo era la isla?

3-¿Quién manda la lancha?

4-¿Cuántos marineros iban?

5-¿Quién pide ir con ellos?

Lectura 152-B:

Los marineros, recorrieron la playa para ver si encontraban agua dulce. Yo anduve un buen rato por la isla pero tampoco encontré nada. Me cansé de andar y como no veía nada que me llamase la atención, volví hacia donde estaba la lancha. Mirando al mar, vi que los marineros volvían al barco remando a toda prisa. Cuando iba a gritarles para que me esperaran, vi que les perseguía por el mar una criatura enorme corriendo. El agua le llegaba solo por las rodillas, daba unas zancadas enormes. Los hombres consiguieron llegar al barco y el monstruo no pudo alcanzarles porque se lo impidieron las rocas.

Preguntas:

1-¿Qué hicieron los marineros?

2-¿Qué hace Gulliver?

3-¿Por qué regresaba a la lancha?

4-¿Qué ve al regresar?

5-¿Por dónde le llegaba el agua a la criatura?

Lectura 153-B:

Yo no me quedé allí, salí corriendo y me subí a una montaña. Desde allí podía ver el terreno, estaba todo cultivado. Me sorprendió mucho lo alta que era la hierba. Bajé de la montaña y empecé a andar. Fui a parar a una especie de carretera, aunque los habitantes la hacían servir de camino entre los campos. No vi nada a los lados, solo los campos cultivados. Tardé una hora en llegar al final, que estaba cercado con un seto enorme. Había unos árboles tan altos que no podía calcular su altura.

Preguntas:

1-¿Qué hace Gulliver?

2-¿Dónde se sube?

3-¿Qué le sorprende?

4-¿Cómo estaba el terreno que veía Gulliver?

5-¿Por qué no puede Gulliver calcular la altura de los árboles?

Lectura 154-B:

Para pasar al campo de al lado, había en la cerca una puerta y cuatro escalones muy altos que me fue imposible subir. Busqué un agujero en la cerca para poder pasar. De repente, vi que del campo de al lado, venía hacia la puerta uno de los habitantes. Era del mismo tamaño que el que vi en el mar persiguiendo el bote. Era tan alto como el campanario de una iglesia y andaba con grandes zancadas. Tuve mucho miedo y me escondí en los campos. Le vi subido en lo alto de la escalera y mirar al campo, era enorme. Le oí llamar con una voz muy fuerte, el ruido que hizo me pareció un trueno.

Preguntas:

1-¿Qué había para pasar al campo de al lado?

2-¿Pudo Gulliver subir los escalones?

3-¿Qué busca Gulliver para pasar?

4-¿Qué venía hacia la puerta?

5-¿Qué cree era un trueno?

Lectura 155-B:

A su llamada, siete monstruos como él se acercaron llevando en las manos enormes hoces. Estos hombres no estaban tan bien vestidos como el primero, debían ser sus criados. Él dijo algunas palabras y todos se fueron a segar al campo donde yo estaba. Quería mantenerme a mucha distancia de ellos. No podía moverme muy bien por aquellos campos, pero como pude, anduve hasta que llegué a una parte en la que me fue imposible dar un paso más.

Preguntas:

1-¿Cuántos monstruos se acercaron?

2-¿Cómo eran las hoces?

3-¿Qué debían de ser los hombres que llegaron?

4-¿Dónde estaba Gulliver?

5-¿Podía moverse Gulliver bien en aquellos campos?

Lectura 156-B:

Oía a los segadores no muy lejos, detrás de mí. Estaba tan desesperado y cansado de huir, que me acosté en los campos. Lloré por mi familia pensando que iba a morir, mi mujer quedaría viuda y mis hijos huérfanos. Me arrepentí de la locura de haber hecho este segundo viaje, cuando todos me aconsejaban que no lo hiciera. Pensaba en Liliput, donde sus habitantes me miraban asombrados, como algo muy grande y donde yo había hecho cosas que serán recordadas siempre, como llevarme la flota enemiga con una sola mano.

Preguntas:

1-¿Dónde oía a los segadores?

2-¿Dónde se acostó Gulliver?

3-¿Por qué llora?

4-¿De qué se arrepiente?

5-¿En qué piensa Gulliver en esos momentos?

Lectura 157-B:

Yo pensaba en el castigo que era para mí, aparecer tan pequeño ante la gente de esta tierra. Era como si alguien de Liliput apareciera entre nosotros. Esta sería la última de mis desgracias. Estaba muerto de miedo, pensaba que si las criaturas eran tan fuertes y crueles como grandes, serían capaces de comerme si me cogían. Pensaba que nada es grande ni pequeño, sin compararlo con algo. Podía ser que en Liliput alguna vez, encontrasen algún pueblo cuyos habitantes fuesen más diminutos que ellos.

Preguntas:

1-¿Qué piensa Gulliver?

2-¿Cómo estaba Gulliver?

3-¿Qué piensa de las criaturas?

4-¿Qué piensa que le podía pasar?

5-¿Qué podía pasar alguna vez en Liliput?

Lectura 158-B:

A lo mejor esta gente, encontraba en algún lugar del mundo otras gentes más grandes que ellos. Estaba tan asustado y confundido, que no paraba de pensar en todas estas cosas y en qué pasaría conmigo. Uno de los segadores, se acercó peligrosamente al lugar donde yo estaba escondido. Si daba un paso más, me pisaría y me aplastaría, o me partiría en dos pedazos con su hoz. El segador se movió y grité aterrorizado todo lo fuerte que pude. La enorme criatura miró a su alrededor hasta que me encontró tendido en el suelo.

Preguntas:

1-¿Cómo estaba Gulliver?

2-¿Cuánto se había acercado uno de los segadores?

3-¿Qué piensa Gulliver?

4-¿Qué hace Gulliver?

5-¿Qué hace la criatura cuando escucha a Gulliver?

Lectura 159-B:

Me miró un buen rato como quien va a coger a un bicho peligroso para que no pueda morderle. Al final me cogió por la mitad del cuerpo y me acercó a sus ojos para poder verme. Por suerte el miedo no me venció y no me resistí. Me sostenía en el aire y me miraba como preguntándose qué clase de bicho era. Me apretaba demasiado, le supliqué y dije algunas palabras. Tenía miedo que me tirase al suelo, como cuando nosotros queremos matar algún bicho.

Preguntas:

1-¿Qué hace primero la criatura?
2-¿Qué hace al final?
3-¿Cómo le miraba?
4-¿Qué hace Gulliver?
5-¿Qué temía Gulliver que le hiciera?

Lectura 160-B:

Tuve la gran suerte de que pareciera gustarle mi voz. Empezó a mirarme con mucha curiosidad, totalmente extrañado de que hablara aunque no pudiera entender nada de lo que yo decía. Yo lloraba y quería hacerle entender que me hacía daño apretándome con la mano. Creo que al final me entendió, porque me metió suavemente en un bolsillo. Salió corriendo a buscar a su amo para enseñarle lo que había encontrado. El labrador me examinó con una pajita, sin tocarme. Me sopló el pelo para verme la cara.

Preguntas:

1-¿Qué parece gustarle a la criatura?

2-¿Entendía lo que Gulliver decía?

3-¿Qué hacía Gulliver?

4-¿Qué quería darle a entender?

5-¿Dónde coloca la criatura a Gulliver?

Lectura 161-B:

El labrador pregunto a sus criados, si habían visto alguna vez un bicho parecido a mí. Me dejó suavemente en el suelo, yo me levanté enseguida y empecé a andar despacio. Quería que aquella gente viera que no quería escaparme. Todos se sentaron en círculo a mí alrededor para poder verme mejor. Yo me quité el sombrero y les saludé. Supliqué y les di una bolsa de oro. El labrador la cogió y la miro mucho rato para ver lo que era. Yo le vacié la bolsa en la palma de la mano.

Preguntas:

1-¿Qué pregunta el labrador a sus criados?

2-¿Dónde deja a Gulliver?

3-¿Qué quiere Gulliver hacer ver a aquella gente?

4-¿Qué da al labrador?

5-¿Qué hace Gulliver con el oro?

Lectura 162-B:

Había seis monedas grandes de oro y veinte o treinta más pequeñas. El labrador cogió como pudo, una moneda de las más grandes y la miró detenidamente, intentando ver lo que era. Por señas, me pidió que guardara las monedas en la bolsa. Yo insistí en que se las quedara, pero él insistía en que las guardara. El labrador estaba ya convencido de que yo era una ser humano. Me hablaba muy a menudo, pero su voz me lastimaba los oídos.

Preguntas:

1-¿Cuántas monedas había?

2-¿Qué hace con una de las monedas?

3-¿Qué le pide el labrador?

4-¿De qué se da cuenta el labrador?

5-¿Qué le ocurría a Gulliver con la voz del labrador?

Lectura 163-B:

Le contesté muy fuerte en varios idiomas. Él, por más que acercaba el oído no conseguía entender nada de lo que le decía. Mandó a los criados a trabajar, sacó un pañuelo del bolsillo y lo extendió en el suelo. Por señas me hizo subir en él, pensé que sería mejor obedecer en todo y subí. El labrador me envolvió suavemente en el pañuelo y me llevó a su casa. Me enseñó a su mujer, pero ella gritó y salió corriendo pensando que había visto un bicho.

Preguntas:

1-¿Cómo le responde Gulliver?

2-¿Logra comunicarse con él?

3-¿Con qué se lleva a Gulliver el labrador?

4-¿A dónde le lleva?

5-¿Qué hace la mujer del labrador al ver a Gulliver?

Lectura 164-B:

Después de verme un rato, se le pasó el miedo y me trató con mucho cariño. A las doce un criado sirvió la comida, que consistía en un plato enorme lleno de carne. Se sentaron a la mesa el labrador, su mujer, tres niños y una abuela. Cuando todos estuvieron sentados, el labrador me puso encima de la mesa a cierta distancia de ellos. La mesa era altísima, yo no me movía porque tenía mucho miedo de caerme, me apartaba todo lo que podía del borde.

Preguntas:

1-¿Qué hace la mujer cuando ve bien a Gulliver?

2-¿A qué hora trajeron la comida?

3-¿Qué era la comida?

4-¿Cómo era el plato dónde sirvieron la comida?

5-¿Por qué no se movía Gulliver subido a la mesa?

Lectura 165-B:

Mi ama picó un poco de pan y carne, y me lo puso en un platito pequeño. Yo, saqué mi cuchillo y tenedor y empecé a comer. Verme comer les hizo mucha gracia. Mi ama ordenó a la criada que me trajese de beber, me trajo un licor muy bueno. Yo les hablaba todo lo alto que podía en inglés. Esto hizo reír a todos tan alto que casi me quedo sordo. El dueño me hizo señas para que me acercara. Cuando caminaba hacia él por la mesa tropecé con un trozo de pan y me caí, aunque no me hice daño.

Preguntas:

1-¿Qué le da el ama para comer?

2-¿Con qué come Gulliver?

3-¿Qué le dan de beber?

4-¿Qué le pide el dueño?

5-¿Qué le pasa mientras andaba por la mesa?

Lectura 166-B:

Me levanté enseguida, como vi que todos estaban preocupados por mí, sonreí para que vieran que no me había hecho daño. Cuando empecé a andar hacia mi amo, su hijo menor, que era muy travieso, me cogió por los pies y me levantó en el aire. Me levantó tan alto que casi me muero del susto. El padre me cogió de sus manos, le dio un bofetón y le castigó sin comer. Yo temiendo que el niño se vengara, pedí a mi amo que le perdonase.

Preguntas:

1-¿Qué hacen todos cuando Gulliver cae?

2-¿Qué hace para demostrar que no se había hecho daño?

3-¿Qué hace con Gulliver el hijo menor del señor?

4-¿Por qué se asusta Gulliver?

5-¿Qué pide Gulliver a su amo?

Lectura 167-B:

El padre, me hizo caso y le perdonó, El niño volvió a sentarse en la mesa, pero antes el padre hizo que me acariciase muy suavemente. En medio de la comida, el gato de mi ama le saltó a la falda. Yo escuchaba detrás de mí un ruido muy fuerte, cuando me volví, vi que era el ronroneo del animal. Era mucho más grande que un buey, tenía una cabeza enorme. Mi ama le acariciaba y le daba de comer. El gato tenía un aspecto muy fiero, yo estaba aterrado. Aunque estaba al otro lado de la mesa, tenía miedo que diese un salto y me atrapase en un descuido de mi ama.

Preguntas:

1-¿Qué le hace hacer el padre al niño?

2-¿Quién aparece en medio de la comida?

3-¿Qué oía detrás suyo Gulliver?

4-¿Cómo era de grande el animal según Gulliver?

5-¿Qué temía Gulliver?

Lectura 168-B:

Pero parece que no había peligro, el gato no me hizo el menor caso, después mi amo me puso cerca de él. Siempre he oído que si un animal fiero, sabe que le tienes miedo, es muy fácil que te ataque. Por eso para hacer ver que no tenía miedo, pasé cinco o seis veces delante del gato. El animal, se fue como si tuviese más miedo él que yo. Los perros no me daban tanto miedo, entraron dos en la habitación tan grandes como dos elefantes.

Preguntas:

1-¿Hace caso el gato a Gulliver?

2-¿Cómo es fácil que te ataque un animal fiero?

3-¿Cuántas veces pasa Gulliver ante el gato?

4-¿Cuántos perros entran en la habitación?

5-¿Qué tamaño tenían?

Lectura 169-B:

Cuando estaba terminada la comida, entró el ama de cría con un niño pequeño en brazos. El niño, me vio y empezó a gritar como todos los niños hacen, para que me entregasen a él como si fuera un juguete. La madre, con todo el cariño, me levantó y me presentó al niño. Este me cogió y se metió mi cabeza en la boca. Yo grité tan fuerte, que el niño se asustó y me dejó caer. Me hubiese matado sin remedio, si la madre no pone el delantal para parar mi caída. Para callar al niño, le dieron un sonajero que me pareció enorme. Fue inútil, y como el niño no se callaba, el ama de cría le dio de mamar.

Preguntas:

1-¿Quién entra terminada la comida?

2-¿Qué hace el niño cuando ve a Gulliver?

3-¿Qué hace la madre?

4-¿Qué impide que Gulliver caiga al suelo?

5-¿Qué tiene que hacer el ama para callar al niño?

Lectura 170-B:

No tuve buena impresión al ver su pecho enorme, la veía muy de cerca. Entonces pensé en la bonita piel de nuestras damas inglesas, que nos parecen tan hermosas. Porque son de nuestro mismo tamaño, no les vemos ningún defecto. Para verlos necesitaríamos una lupa. Cuando estaba yo en Liliput, recuerdo que la piel de aquella gente diminuta, me parecía la más bella del mundo. Un íntimo amigo mío de allí, me dijo que mi cara le parecía más bonita y suave cuando me miraba desde el suelo. Si la veía cerca, cuando le levantaba yo en la mano, no le parecía tan bonita, me veía un montón de defectos.

Preguntas:

1-¿Qué sorprende a Gulliver?

2-¿Por qué le parecía tan bonita la piel de las damas inglesas?

3-¿Qué necesitaría para ver los defectos de la piel, de la gente de su tamaño?

4-¿Cómo recuerda la piel de la gente de Liliput?

5-¿Cómo le decía un amigo de Liliput que le parecía mucho más bonita su cara?

Lectura 171-B:

Mi amigo, me confesó que al principio verme era para él un poco desagradable. Dijo que veía en mi piel grandes hoyos, que los pelos de mi barba eran muy fuertes y que veía mi piel de varios colores distintos. Yo soy blanco de piel, pero estoy algo tostado por el sol. Cuando hablábamos de las damas de la corte, me decía que una tenía pecas; la otra, una boca muy grande; pero yo no podía verlo, eran demasiado pequeñas para distinguir sus defectos. Debo decir que aquellas personas tan grandes, no eran feas, al contrario, debo decir que eran incluso guapas.

Preguntas:

1-¿Cómo eran los pelos de su barba?

2-¿De qué color veía su piel?

3-¿Cómo es la piel de Gulliver?

4-¿Veía Gulliver los defectos de las damas de Liliput?

5-¿Eran feas aquellas personas?

Lectura 172-B:

Después de comer, mi amo volvió a trabajar, encargando a su mujer que no me perdiese de vista y me cuidase. Yo tenía sueño y como mi ama se dio cuenta, me acostó en su cama. Me tapó con un pañuelo enorme de una tela muy basta. Dormí unas dos horas y soñé que estaba en casa con mi familia. Al despertar, me sentí triste, estaba solo en una habitación enorme y mi familia no estaba. De repente dos ratas, subieron a la cama.

Preguntas:

1-¿Qué dice el amo a su mujer?

2-¿Dónde pone el ama a Gulliver para dormir?

3-¿Cómo era el pañuelo?

4-¿Qué sueña Gulliver?

5-¿Qué sube a la cama dónde estaba Gulliver?

Lectura 173-B:

Una de ellas se acercó mucho a mi cara. Me levanté aterrorizado y saqué mi cuchillo para defenderme. Aquellos horribles animales, intentaron atacarme, uno de ellos casi me coge. La maté con mi cuchillo antes de que me hiciera daño. La otra, asustada salió corriendo herida. Después, intenté tranquilizarme paseando por la cama, estaba muy nervioso. Aquellos bichos, eran enormes y fieros, si no hubiera dormido con mi cuchillo, me habrían devorado.

Preguntas:

1-¿Con qué intenta defenderse?

2-¿Qué hace una de las ratas?

3-¿Qué le hace Gulliver?

4-¿Qué hace Gulliver después?

5-¿Cómo eran de grandes aquellos animales?

Lectura 174-B:

Miré la rata muerta; era realmente enorme. Estaba tan asqueado y nervioso que no me atrevía a tirarla de la cama. Mi ama, entró en la habitación, cuando me vio lleno de sangre, corrió hacia mí y me cogió. Yo, señalé a la rata muerta y sonreí para que viese que no había sufrido ningún daño. Ella se alegró mucho de que no estuviese herido. Llamó a la criada para que se deshiciese de la rata muerta. Después me puso sobre una mesa.

Preguntas:

1-¿Cómo era la rata muerta?

2-¿Por qué no tira Gulliver la rata de la cama?

3-¿Qué hace el ama al ver a Gulliver lleno de sangre?

4-¿Cómo hace ver a su ama que no estaba herido?

5-¿Dónde pone el ama a Gulliver?

Lectura 175-B:

Espero que el lector perdone que me detenga a explicar estas cosas tan desagradables. Explicando lo que me ha sucedido en mis viajes, quiero explicar la verdad. Siempre lo he hecho así, sin adornos. Todo lo que me ha ocurrido, está fijo en mi memoria, no me he olvidado de nada. Al revisar el libro, taché unas cosas que no me parecieron importantes, lo demás lo explico todo tal cual pasó.

Preguntas:

1-¿Por qué pide perdón al lector?

2-¿Qué quiere explicar Gulliver?

3-¿Ha contado siempre la verdad?

4-¿Ha olvidado algo de lo que le pasó?

5-¿Por qué tacha algunas cosas al revisar el libro?

Lectura 176-B:

Mi ama tenía una hija de nueve años, era una niña muy buena. Sabía coser muy bien y le hacía la ropa a su muñeco. Su madre y ella pensaron en arreglarme la cama del muñeco para que yo durmiese en ella. Pusieron la cama de forma que no pudiesen llegar las ratas. Así dormí todo el tiempo que pasé allí. La niña me ayudaba a vestirme, me hizo siete camisas y algo más de ropa, con la tela más fina que encontró. Ella me lavaba siempre la ropa. Se convirtió en mi maestra en el idioma.

Preguntas:

1-¿Cuántos años tenía la hija de su ama?

2-¿Cómo era la niña?

3-¿Dónde ponen a dormir a Gulliver?

4-¿Qué le hace la niña a Gulliver?

5-¿Qué le enseñaba?

Lectura 177-B:

Yo señalaba las cosas y ella me decía el nombre en su idioma. Así, pronto aprendí a pedir lo que necesitaba. La niña era muy buena conmigo y se desvivía por cuidarme. Gracias a ella, estuve bien en aquel país, la recordaré siempre. Ella siempre estaba conmigo, no se separaba nunca de mí. Me cuidó muy bien durante todo el tiempo, yo le llamaba mi amita. Le cogí mucho cariño y ella me quería mucho a mí. Siento mucho ser la causa de su disgusto como después explicaré.

Preguntas:

1-¿Cómo le enseña el idioma?

2-¿Cómo era la niña con Gulliver?

3-¿Cómo la llama Gulliver?

4-¿Qué debe a esa niña?

5-¿Se separaba alguna vez la niña de Gulliver?

Lectura 178-B

Se comentaba por todo el pueblo, que mi amo se había encontrado en el campo un animal extraño no muy grande, que tenía piernas y brazos como un ser humano y se comportaba igual. Andaba en dos piernas, era amable y tenía una piel fina como la de un bebe. Un labrador amigo de mi amo vino a hacerle una visita para enterarse si el comentario era cierto. Me sacaron y me colocaron sobre una mesa, caminé para que me viera bien, le pregunté en su lengua cómo estaba y le di la bienvenida como me había enseñado mi amita.

Preguntas:

1-¿Qué se comentaba por el pueblo?

2-¿Cómo decían que era Gulliver?

3-¿Cómo decían que era su piel?

4-¿Para qué recibe la visita su amo de un amigo?

5-¿Qué pregunta Gulliver al labrador?

Lectura 179-B:

El amigo de mi amo, era viejo y no veía muy bien. Se puso las gafas para verme mejor. No pude evitar reírme a carcajadas al verle con las gafas. Mi amo y su familia al verme, también se rieron. Aquel viejo, fue lo suficientemente bobo para enfadarse. Como era un tacaño, aconsejó a mi amo que me enseñase el día de mercado como espectáculo, así podría ganar dinero. Mi amo y él estuvieron cuchicheando un rato, Aquello no me gustó nada.

Preguntas:

1-¿Cómo era el hombre?

2-¿Qué usa para ver mejor a Gulliver?

3-¿Qué hace el viejo al ver que se reían?

4-¿Qué aconseja al amo de Gulliver aquél hombre?

5-¿Qué opina Gulliver del consejo?

Lectura 180-A:

A la mañana siguiente mi amita, que le había preguntado a su madre, me lo contó todo. Después la pobre niña lloró de vergüenza, no le gustaba en absoluto lo que su padre quería hacer conmigo. Ella pensaba que podían hacerme daño y sabía, que a mí no me gustaría ser presentado por dinero como un espectáculo. Decía que su papá y su mamá le habían prometido que yo sería para ella y pensaba que la habían engañado, como cuando le regalaron un corderito y cuando estuvo gordo lo vendieron.

Preguntas:

1-¿Qué hace a la mañana siguiente la niña?

2-¿Qué hace después la niña?

3-¿Qué pensaba podían hacer a Gulliver?

4-¿Qué decía la niña que no le gustaría a Gulliver?

5-¿Qué le habían prometido sus padres?

Método de Evotextos para mejorar la comprensión lectora

Presentación del método

Bienvenidos al mundo de los "evotextos" o textos evolutivos. Los "evotextos" son un método original, creado por el Dr.J.Guilera, para mejorar la compresión lectora. El método está sujeto a los derechos de autor y está reconocido por la Generalitat de Cataluña como obra científica.

En el método hemos creado cuatro versiones de un clásico de la literatura "Los viajes de Gulliver" de Jonathan Swift.

Cada versión tiene un nivel de dificultad de lectura. Los niveles de dificultad son cuatro. De cada nivel hemos creado **fichas de comprensión lectora** para que puedas realizarlas cada día. Las fichas de comprensión lectora tienen un texto y cinco preguntas.

El nivel A es fácil de leer y las preguntas son fáciles de responder, el nivel B es más difícil de leer que el nivel A, el nivel C es más difícil que el B, y así hasta el nivel D que es el más difícil de leer.

De manera orientativa, el nivel A es para niños de seis a ocho años, el nivele B es para niños de 8 a 10 años, el nivel C es para niños de 10 a 12 años, y el nivel D es para niños de más de 12 años.

El método consiste es realizar una ficha cada día, empezando por el nivel A. Además, la ficha diaria se lee tres veces. Cada vez que lees el texto, tienes que responder las preguntas. Es decir, que tienes tres intentos para responder bien todas las preguntas. Si mejoras tu comprensión lectora, veras que respondes correctamente más preguntas en el primer intento.

La idea es que a medida que tú mejoras tu comprensión lectora, puedas cambiar el nivel del texto. El cambio de nivel lo realizas cuando en 10 lecturas consecutivas, respondes todas las preguntas bien al primer intento. Al final de cada libro, encontrarás toda la metodología explicada, y también indicaciones sobre cómo deben de realizarse las fichas.

Anímate a probarlo y cuéntanos cómo te ha ido.

Si deseas, puedes encontrar los demás libros en www.amazon.com.

Explicación del método: Cómo deben realizarse las fichas de comprensión lectora

Metodología

Cada ficha equivale a un día de entrenamiento, por lo tanto cada día se tiene que realizar una ficha de comprensión lectora, fines de semana incluidos. En principio se recomienda no hacer más de una ficha diaria.

Se realizan tres intentos por ficha de lectura. Y en una libreta aparte, se escriben las respuestas de cada intento.

Primera lectura:

a. Lectura en voz alta por parte del supervisor (padre, madre, profesor...).
b. El alumno responde las 5 preguntas.

Segunda lectura:

a. Lectura en voz alta de manera simultánea niño y supervisor.
b. Responder las 5 preguntas.
c. Escoger tres palabras de la lectura que no entiendas y hacer una frase con cada una de ellas.

Tercera lectura:

a. Lectura del niño en voz alta, cambiando las vocales del texto cada día.
Por ejemplo, el día que cambiamos la E por la I, la frase " mi perro es delgado" se debería de leer: "mi pirro is dilgado".

Día 1: A por la E;
Día 2: E por la I;
Día 3: I por la O;
Día 4 :O por la U;
Día 5: U por la A

b. Una vez hayas llegado al 5º día, vuelve a empezar la rueda con la siguiente lectura. Para que no te equivoques, escribe en la parte superior de cada lectura el cambio de vocal.

c. Responder las 5 preguntas otra vez, pero esta vez hacerlo de una manera redactada y gramaticalmente correcta, en una libreta aparte.

How reading comprehension sheets must be made

1. Daily Methodology:

Each sheet corresponds to a training day, so you have to do one reading each day, weekends included.

1.1. First reading:

1. Reading aloud by the supervisor (parent, teacher ...).

2. Answer the questions.

1.2. Second reading:

1. Reading aloud simultaneously child and supervisor.

2. Answer the questions.

3. Choose three words from the reading that you do not understand and write a sentence with each of them.

1.3. Third reading:

1. Child reading aloud, changing everyday the vowels of text as it is explained on this figure:

Day 1: **A-E**

Day 2: **E-I**

Day 3: **I-O**

Day 4 **O-U**

Day 5: **U-A**

2. Once you arrive on the 5th day, the wheel starts again with the next reading. Write at the top of each reading the vowel change.

3. Answer the questions again, but this time do it in a written and grammatically correct manner.

ABOUT THE AUTHOR

Contacto

Este libro ha sido creado por el Dr. Jaume Guilera, médico que trabaja en el campo de la salud mental infanto-juvenil, con la intención de hacer un esfuerzo de divulgación acerca de los trastornos mentales más frecuentes en niños y adolescentes. En nuestro despacho, nos dedicamos a la atención de niños y adolescentes, desde una perspectiva cognitivo-conductual. El despacho fue fundado en 2005 y cuenta con un equipo multidisciplinar formado por psicólogos, pedagogos y psiquiatras. Nuestra filosofía es abordar cada caso individualmente según sus necesidades. Principalmente el centro se dedica al abordaje de los trastornos del aprendizaje (Dislexia, Discalculia, Comprensión Lectora) y trastornos del neurodesarrollo (TDAH, Autismo).

Nos puede encontrar en Barcelona.

Unidad de tratamiento de la dislexia
Dirección: Calle Aragón 134, 4º-1ª,
08011 Barcelona, España
Teléfono de contacto: (34) 93.535.09.37
Horarios: Tardes de 16:00 a 20:00
Email: **team@mentelex.com**
Web: https://blog.mentelex.com/

Cuadernos de comprensión lectora para niños de 8 a 10 años. Nivel Intermedio B. Los viajes de Gulliver.

© 2018 Dr. Jaume Guilera

De la presente edición:
© 2018 Dr. Jaume Guilera
Aragón 134, 4°-1ª, 08011 BARCELONA
© Ilustración de la portada Miquel Fuentes

1ª edición: Junio 2018

ISBN-13: 978-1722079635
ISBN-10: 1722079630

Printed in Great Britain
by Amazon

66743654R00027